HEIDE HOFFMANN

TÖNENDE STILLE

HEIDE HOFFMANN

TÖNENDE STILLE

Gedichte

Bibliografische Information der Deutschen Nationalbibliothek: Die
Deutsche Nationalbibliothek verzeichnet diese Publikation in der
Deutschen Nationalbibliografie; detaillierte bibliografische Daten
sind im Internet über dnb.dnb.de abrufbar.

© 2023 Heide Hoffmann (Texte und Titelfoto)
Herstellung und Verlag: BoD – Books on Demand, Norderstedt

ISBN: 978-3-75780-581-4

DAS TOR ZUR STILLE

ÜBER ALLEM BEMÜHEN

GEHT EIN TOR AUF,

UND DU SCHREITEST

SCHON HINDURCH,

OHNE ES ZU WISSEN.

GITARRENSPIELER AM TORBOGEN

Mein Leben seh ich vorüberziehn
bei deiner Musik,
und mein Kummer
fließt fort mit ihren Tönen
wie gewaschen in Tränen,
gewaschen auch, was ich antat
Unreines meiner Seele.

Die Menschen, die vorübergehn,
die meisten, nie würden sie
mit dir tauschen,
doch ihre Seele möchte manchmal tanzen,
oder sie tragen sie vorüber
gleich schlafendem Kind.

Noch verweil ich bei dir,
wenn der Tag schon vorüber,
Gitarrenspieler am Torbogen
mit der Rose am Notenständer.

Die Stille –
laßt mich in ihr,
auf die ich so lange gewartet.
Sie kam durch den Spalt
einer Tür, die fast zu war.
Weiß ihr Gewand,
sie bringt den Regenbogen mit,
und die Fülle der Rosen
sind ihre Wächter.

Die Stille hat
den Finger auf den
Mund gelegt
– wie tönst du mir,
Stille.
Nicht wie Blutsrauschen,
wenn der Bräutigam
eilt zur Braut.
Mächtiger noch,
orgelbrausend
bist du mir
Stille.
Wahrheitsträger,
Liebeskündigerin,
Wegbereiterin,
Stille,
gewaltige Stille.

VORFRÜHLING

Wald, bald wachst du auf,
vom Ton der Harfe geweckt,
den die Sterne beantworten.
Ganz dunkel standest du
und manchmal mit Schnee bedeckt
hinter der Weihnacht Geheimnis.
Wald, bald wachst du auf!
Im Boden, den nur
dürres Laub und Efeu deckt
birgst du schon
der Veilchen und Anemonen Traum.
Wie rührt mich dann dein erstes Grün,
heilender Frühling ...
Wald, soviel auch der Menschen
durch dich hindurchgehn,
du bleibst, seit erstmals
meine Augen dich sahn,
mein stiller Freund und Beschützer.

Eine Welt, in der der Tod
verdrängt wird
und die Lebenden vergebens
nach Licht suchen.

In einer Welt, wo der Tod
verdrängt wird,
schminken sich die Alten
bis zu den Füßen.

In einer Welt, wo der Tod
verbannt ist ...
und blüht doch die Butterblume,
kauern sich zu ihr die Kinder,
freun sich an ihr die Liebenden
Blume gewordenes Wort ...

In einer Welt, wo der Tod
verbannt ist,
reifen die Wunden zu Geschwüren,
wachsen die Mauem,
legt sich grauer Dunst vor das Licht.

ERSTER FRÜHLINGSTAG

Zwischen den Zweigen
des alten Apfelbaums
das Himmelsblau, tief
wie es lang nicht mehr war.
Mir ist wie einem, der lang
nicht gelacht hat
und aus dem das Lachen
wie Schluchzen fast bricht.

FRÜHER MORGEN

Oh Feier des dunklen Anfangs,
aus der wird empfangen,
und du gibst neue Kraft
allem Streben nach oben.
Gehst du auf über Freude
und Not des Wegs.
– Breitet sich der Himmel
über neuem Versuch
Oh Feier des dunklen Anfangs,
oh Schwingenkleid der Frühe.

Laßt mir die Stille,
lang hat sie mir
nicht genug geklungen
– Stille –
du schließt dich um
die Gestirne,
den Gleitflug der Vögel
und um die aufgehende Knospe.
In dir sind alle Klänge verborgen,
rauschen die wahren Quellen
und besänftigen zugleich.
Und in dir werden gewogen
die Worte –
Du wiegst sie mit Schweigen.

Die weißen Iris in der Glasvase
sind aufgegangen inmitten der
1000 Sternchen des Schleierkrauts.
Auch in der fruchtigen Süße
ihres Duftes
liegt noch etwas
von der Kühle im Grün des Stengels
und Weiß der Blüten.

SONNENBLUME IN DER VASE

Stellt euch ein Licht
auf den Tisch,
Abbild der Sonne
– an Regentagen
ihre Erinnerung,
träumende Sonnenblume.

EINER TOTEN

Daß ihr die Augen
aufgetan werden immer mehr
für den Reichtum,
der nicht
im Vergänglichen ruht,
für den Reichtum,
der ohne
das Vergängliche ist ganz,
der auf dem Vergänglichen
schwimmt
wie ein stolzes goldenes
Schiff,
das ganz eingebracht wird,
wenn es durchs Tor fährt
auf die andere Seite.

Werde ich nicht entlassen
aus der Hand des Bildhauers
Schicksal
noch nicht
es muß geschehn
die Form Schlag auf Schlag

Bildhauer Schicksal
stehst du bereit
mit deinem Schlag
zu schlagen aus mir
die Form
Schlag auf Schlag
die reinere Form

Bildhauer Schicksal
Türme fallen – Häuser himmelan
gebaut
und du schlägst aus mir
die Form

Bildhauer ich litt
weinend schreiend
und auch in Geduld
litt ich die Form
den Schlag zur Form

Über mir den Äther
unter mir Geröll
und das was fallen muß
über mir das Steigende

Bildhauer ich litt
und steigend nehm ich
dereinst aus deiner Hand
die Form
die reinere Form

TEMPELINSCHRIFT

Was war das war,
wird unbewußt bewahrt
im stillen Hain,
wo alle Wünsche schlafen.

Kein Herbst, kein Winter
kann es je verwehn –
es ist dem Frühling gleich
und hat nicht Auf – noch Untergang.

Kein Lüftchen sich dort regt –
Vergangenheit ist still.

Doch du, ach dessen Herz
noch bebt in Schicksalswalten,
werd von dem Duft der Rose trunken,
hör Grases Wehn
und nimm bescheiden deinen Wanderstab.

Als ich Kind war,
gingen
in meinem Garten
die Engel um.
Und Ostergras und -moos
waren
unbeschreiblich.
Als meine Hände noch klein waren,
konnten sie
die Sterne umfassen.

DIE NACHTIGALL

Hast du vergessen,
chinesischer Kaiser
die Staatsgeschäfte,
der du den Vogel
auf der Hand trägst,
den singenden und horchst?
Dein ganzes Gewand
ist bewegt von Schwingung –
Die zwei Pfirsichbäume
hinter der Balustrade
lassen ahnen
einen ganzen Abhang
von Blütenbäumen,
und die Mädchen,
die darunter wandeln,
mögen im Duft
scheinen wie Blumen –
Blumen mit Füßen ...

Wie er herausbricht aus der Erde
ein eigenes Sein, der Baum –
lebendige Säule,
Verbindung schaffend
zwischen Erde und Himmel
und mit einem eigenen Dach
Schutz gewährend den Vögeln.
Stark sein im Wachsen
und wachsend aus Schwere
in immer mehr Licht!
Zwischen diesen Riesen einhergehn,
ihre herabgefallenen Blätter
unter den Füßen –
grün rankt dazwischen
nur noch der Efeu.
Ist nicht unser Gehn
auch, um immer
mehr verwurzelt
zu werden in der Tiefe?
Ist nicht unser Tiefsein auch,
um immer näher zu werden dem Himmel?

Oh ihr Städte
wo ist euer Trost?
Ihr streut mir
Sand in meine Wunden,
aus denen Wasser
fließt und Eiter.
Da ist nur Sand,
nichts als Sand,
kein Meer,
das Erfrischung bringt,
man hört nur
das Tosen und
Toben eurer Wogen.

ROSEN

Die Blüten der Pfingstrose hängen
im Welken herunter, schwer wie Früchte.

Sieh nur das frische Grün
des Rosenbusches!
Ist's nicht in Wahrheit aus dem Unsichtbaren?
Ist nicht das Unsichtbare
augenscheinlich geworden
durch diese Blätter?

Herbstrosen
noch feiernd
die Glut der Sonne
Herbstrosen ihr
Abendröte
des Sommers.

Weiße Rose –
Dein Weiß sammten
wie Streicheln, Streicheln
mit unsichtbaren Händen –
weiße Rose
Weiß
fruchtbare Königin
der Farben.

Rose
schenkst du mir
noch deinen Duft
der die Bienen anlockt
den du in dir bargst
als ich dich brach
Ende November

Rose – Schwester
meiner Sehnsucht nach Schönheit
antwortest du so schön.
Auf meinem Weg zum Licht
bist du da im Nebel,
Rose – Schwester.

Ich schneide beim Straußbinden
den gelben Rosen die Dornen weg.
Ist es auch recht, eine Königin
ihrer Leibgarde zu berauben?

MITTE DES LEBENS

MITTE DES LEBENS

Frausein nicht mehr
ins Blau.
Nicht mehr so viel Blüten.
Ihr, die Ihr vor mir wart,
wo ich jetzt erst bin ...
Die sanften Hänge der Kirschblüten
sind vorbei.
Wir wollen der Weinernte
entgegengehn,
um dann
im Winter
zu zehren
von dem, was aus
den Trauben gepreßt ward.

Wie kommt es,
daß die Weide
mehr trauert,
der blaue Himmel
heiterer ist,
wenn du
bei mir bist?
Unsere Schritte
sind froher
und auch leiser,
so, als wollten
selbst sie
lauschen.
In dieser Welt
gleißt manches
zu hell,
anderes ist zu
verborgen.
An deiner Hand
werden
die Unterschiede
spürbar.

Wie Perlen
an der Kette war's,
wenn wir zusammen waren,
Perlen jetzt in der
Truhe ruhn,
und meine Hand
hält eine leere Schnur.
Wir sahn dem blauen
Vogel nach, der in die
Sonne flog,
weißt du es noch?
Sie ist übern Berg,
da wo du fortgegangen ...

Was Bilder find ich für uns
seit du gegangen?
Zwei Pferden waren wir gleich,
die schäumend am Himmel
rasen – Flügelpferde,
um dann
am stillen Bach
liebend aneinander die Köpfe
zu reiben.
Zwei Kugelhälften waren wir
voll klagenden Tons,
der erst verstummt, wenn sie
aneinandergeschlossen.
Was Bilder find ich noch?
Immer wollte mein Körper
Ausdruck sein für deinen
und deine Hände
... was noch?
Der Barke war ich gleich,
die mit dir durch die
Sterne schwamm ...

Du sagst,
ich soll deine Worte
nicht auf die Goldwaage legen.
Wozu hab ich sie?
Ich brachte sie mit,
ich hab sie schon lang.
Womit soll ich sie wägen?
Ich steh vor dir hilflos,
in der einen Hand die Goldwaage,
die andere leer.
Du verstehst nicht –
die Unsichtbaren...
haben noch andere Goldwaagen –
vielleicht wiegt darauf
auch ein Traum schwer
und die Freude über die
Farbe des Regenbogens.

Meine Füße haben Flügel,
wenn ich zu dir gehe,
so schnell – und ich merke
es kaum.
Zu beiden Seiten des Wegs
dehnen sich die Wiesen,
und Vögel
trinken aus
den Bächen
mit langen Schnäbeln.

Tiefer Brunnen der Lust –
Brunnen ...
Hingen nicht schon die Götter
an deinen Rändern
zu schlürfen von deinem Naß?
Es ist nicht nur Kühlung,
die du spendest
– es atmet der Schrei
des Werdens in dir,
und in der Mitte
über dem Sprudeln
von lichtvollen Fontänen
der Kraft aufblitzend,
bewegt sich die Kugel
aus lebendigem Glase
und Golde zugleich.

Ein Garten war ich,
sicher, daß die Vögel
ihn besuchen und
die Schmetterlinge
– immer erstrahlten
meine Blüten schöner,
und mein Tor
blieb angelehnt für dich
– jetzt spielt damit
der Wind ...

Kann es sein, daß in mir
noch einmal Quellen aufgesprungen sind,
von denen ich weiß, sie gehen ins Meer?

Oh Quellen, oh Sterne, oh Ozean!
Meine Liebe ist ein Weg,
den ich unaufhaltsam gehe auch bei Nacht.

Müde bin ich,
und in den Teichen
steht fast reglos das Wasser,
und die Gedanken zittern darüber –
Libellen im schwebenden Stehn.

Müde bin ich
und wollte zu dir kommen,
und in deinen Armen
fiebert mein Körper
und redet mein Herz.

Müde bin ich,
ich will zur Ruhe kommen,
an ihrer Quelle liegt
mein lehmfarbenes Land,
und wenn ich Ruhe habe,
rufe ich dich.

Dein Atem wiegt mich –
mein Ohr leg ich an deines –
erst jetzt in der Stille der Nacht
wäg ich deine Worte.
Wenn wir uns lieben,
sind deine Hände mir,
als ob sie meine Haut abstreiften,
und immer wieder neue
neugeboren wird unter ihnen.
Dein männlicher Körper
ist Werden und Vergehen
in einem in mir.
Und deine Haut,
da wo meine sie berührt,
ist als ob sie verbrennte
und sich ablöst.
Wie hilflos liegst du abgelöst
von mir nach ewigkurzer Vereinigung,
und in deinem Kopf
richten sich schon die Gedanken
auf äußeres Tun
wie wohlkonstruierte Schiffe,
noch schaukelnd auf den Wellen
deines Glücks.

Du sagst, du kommst,
und ich seh mich wieder
an deiner Seite
und nicht nur das,
du gabst mir Worte,
und erst jetzt
wäg ich sie in meiner Hand,
in der Stille der Nacht –
Kiesel und Edelsteine.

Wenn auf der Erde
der Schatten der Nacht liegt,
und der Vogel seinem Nest zu will,
bist du meinem Herzen nah,
und du weißt es nicht.

Dein Bild – war's nicht in meiner Seele,
lang bevor ich geboren wurde?
Wie Frauen alter Zeiten will ich
Linnen bleichen für das Tischtuch,
Blumen ziehen für Girlanden,
die Leuchter putzen,
bis du kommst.

Hast du den Stern hängen sehn
am Weidenkätzchenbaum –
so sah's aus in der Ferne,
als wir beide beisammen waren –
sprachlos ...

Wenn ich endlich wieder
bei dir bin, aufgeregt
ist dann meine Seele –
wie ein Vogel
aufgeregt flügelschlagend
an deinem Fenster.
Düfte des Südens
haben mein Gefieder gestreichelt,
rauhe Winde es fast wehrlos gemacht.
Wie ein Vogel
aufgeregt flügelschlagend bin ich,
Liebster – nach langer Trennung –
der sich gerade niederläßt
an deinem Fenster.

Manchmal möchte ich Schleier haben –
lach nicht – wie östliche Frauen.
Mein Mund verrät alles so schnell:
Begehren noch bevor du es hast
und so leicht Enttäuschung –
vielleicht war es nur
ein Mißverständnis –
Schleier – bis das rechte Wort kommt
und du sie alle wegküßt
von mir
und meinem Wesen.

Wie zwei Bäume waren wir,
die ihre Wurzeln
beieinander hatten,
und unsere Kronen
hielten Zwiesprach
mit der Sonne, den Sternen
und dem Mond.
Unter uns am Ackerrain
saßen die Parzen –
du bist mir entrissen –
nur eine sitzt noch
und spinnt.

Einmal gab es einen Frühling,
der ganz von dir bewegt war,
von Gedanken an dich –
noch manchmal erinnern
mich Veilchen an ihn
oder eine ganz bestimmte Brise.

Hast du Zeit
für die Liebe –
willst du mit mir
ans Ufer kommen,
wo Zeitlosigkeit anfängt?
So weit wir es dürfen?
Wie gut, daß der Sand
ein wenig rauh ist
unter meinen Füßen –
ich würde mich sonst
verlieren –
Laß mir dein Ohr
eine Muschel sein,
in das ich meine
Dinge sage
wie Perlen
im Rauschen des Meers.

Ich war in die Irre gegangen
und wußte nicht,
daß ich nach Gottes Fingerzeig
gelaufen war.
Ich stand auf schwankendem Boden
und wußte nicht,
daß alles seinen festen Grund hatte
in Gottes Plan.
Ich riß die Arme zum Himmel,
und als die Dämonen
mich peinigten,
kelterten sie mich
zu Wein.

AM ZEILENENDE

Morgen,
Gewänder hast du,
aus deren Falten du Neues
und Neues bringst herauf.
Du trägst
der Sonne Wagen
in Demut
und heiter
von ihr bestrahlt,
Morgen.
Jeder Morgen neu,
jeder Morgen
im Gedächtnis
des ersten Tages.

MITTAG

Mittag ausgebreitet
wie Tücher ohne Falten
auf Lagern und Tischen
zu hoher Zeit.
Mittag, an dem
die Sonne am höchsten steht.
Mittag, an dem
die Sonne an den Tag
bringen will die Tat.
Mittag des Tages,
Mittag des Lebens,
Mittag des Jahrs.
Ich sah den Schmetterling
nippen an reifegebeugter Ähre –
vielleicht zu spüren,
daß hohe Zeit der Früchte
begann,
die der meisten Blüten vorbei.

ABEND

Siehst du wie die Zweige
des Kirschbaumes
ein Bild malen
in die Dämmerung?
Bis sie auch später ihn
in ihre Tücher hüllt?
Weich ist die Dämmerung –
weich ist das Licht
des Abends –
scheidender Mutter gleich,
die schon
Wiederkommen verheißt.

NACHT

Den ganzen Tag ist die Nacht
gereift für uns –
hält ihre Schalen bereit,
die Schalen der Träume –
Viele Geräusche versteht sie nicht,
nicht viele Dinge,
nicht Lärm, nicht Unruh
im kleinen – die Nacht –
Sie hält mit der Zeit
ein loses Band,
die Nacht.
Doch Lieb und Leid versteht sie –
sie hält einen Garten bereit,
in dem wir nichts tun müssen,
nur Geduld und Vertrauen haben.
Seerosengleich schwimmen
auf ihr
Schwert, Sichel und Tat –
Nacht...

Dieses Stück Leben
ist mir geschenkt.
Wo find ich die Mitte
von Geben und Nehmen,
von Treiben und Greifen –
Bald bin ich das Mühlrad,
bald bin ich die Mühle,
bald bin ich das Wasser,
das stetig fließt.

Wache Nacht,
wo die Stille herrscht
und so viel lauter spricht,
wenn die Geräusche
des Tages verstummt sind.
Wache Nacht,
wo mein Herzschlag schlägt
wie allein im weiten Raum
und doch im Körper
geborgen ist.
Und mein Körper
geborgen in der Nacht
und ich in Gottes Liebe.